IN MEMORIAM

Alexandre Momméja

PASTEUR

Aumônier du 18me Corps d'Armée

Chevalier de la Légion d'Honneur

Décoré de la Croix de Guerre

MORT POUR LA FRANCE

HOMMAGE

DU CONSEIL PRESBYTÉRAL
DE L'ÉGLISE RÉFORMÉE
DE BORDEAUX

IN MEMORIAM

Alexandre Momméja

PASTEUR

IN MEMORIAM

Alexandre Momméja

PASTEUR

Aumônier du 18me Corps d'Armée

Chevalier de la Légion d'Honneur

Décoré de la Croix de Guerre

MORT POUR LA FRANCE

HOMMAGE

DU CONSEIL PRESBYTÉRAL
DE L'ÉGLISE RÉFORMÉE
DE BORDEAUX

INTRODUCTION

La mort de M. le pasteur Momméja, aumônier protestant du 18e corps d'armée, a jeté la consternation parmi les fidèles de notre Église, à laquelle il avait pendant de longues années consacré, soit à Bordeaux, soit dans le département de la Gironde, et particulièrement en Médoc, son activité religieuse et ses belles qualités du cœur et de l'esprit.

M. le pasteur Momméja avait pour notre Église un profond attachement, et c'est à elle qu'il voulait reporter, comme il l'avait écrit, tout l'honneur de la croix de la Légion d'honneur et de la croix de guerre qui lui avaient été décernées. Il les avait bien méritées pour avoir si souvent bravé la mort en allant sur le front, à travers les obus et la mitraille, assister les blessés et porter aux mourants les suprêmes consolations.

Notre Église pouvait être fière de son pasteur, et le Conseil presbytéral, qui n'a pu, pour respecter ses dernières volontés, faire entendre sa voix lors de ses funérailles, pour l'honorer comme il l'avait mérité et pour exprimer les regrets que sa mort lui causait, a considéré comme un devoir de rendre hommage à sa mémoire en décidant, par délibération en date du 24 avril, de faire publier les écrits provoqués par sa mort et les discours prononcés soit à Paris, au service funèbre du Val-de-Grâce, soit à Bordeaux, au temple des Chartrons, lors des obsèques.

C'est pour le Conseil presbytéral le moyen de témoigner sa reconnaissance pour les services rendus à notre Église par M. le pasteur Momméja et d'apporter quelque adoucissement à la douleur des membres de sa famille.

Après avoir été honoré par les hommes, M. le pasteur Momméja a reçu de Dieu la couronne de vie, afin qu'il jouisse auprès de lui du bonheur éternel.

LE CONSEIL PRESBYTÉRAL.

M. le Pasteur Alexandre MOMMÉJA

Une bien douloureuse surprise que la nouvelle de sa mort. Il nous écrivait, presque à la veille de l'événement, la meilleure et la plus intéressante de ses lettres : douze pages de sa fine écriture ! Il la terminait en nous disant que son fils avait une permission pour Bordeaux et qu'il comptait pouvoir aller l'embrasser au passage à Paris.

Et c'est là, quand il suivait un simple et si naturel mouvement du cœur, que le vaillant aumônier, merveilleusement préservé dans les grands périls, a trouvé la mort !

M. Momméja était du Midi. Il était né à Saint-Gilles-du-Gard, où son père était pasteur. Sa mère était une fidèle et ardente cévenole de Lasalle. Il avait fait ses premières études au lycée de Montpellier. Plus tard, quand sa mère, devenue veuve, avait été appelée à la direction de la Maison de Santé de Bordeaux, ses pensées s'étaient tournées vers la médecine et il suivit les cours en vue du doctorat. En 1870, quand éclata la guerre, il fit la campagne en qualité d'aide-major. C'est seulement en 1872 qu'il résolut de se donner tout entier à Dieu dans le saint ministère, et il se dirigea vers la Faculté de Montauban. Là, il se créa de vives et solides amitiés, en particulier celle de deux hommes qui devaient se succéder un jour à la direction de la Maison des Missions, MM. Alfred Bœgner et Jean Bianquis.

Ses études de théologie terminées, et après un séjour de quelques mois en Angleterre, il fut appelé comme pasteur dans l'église de Port-Sainte-Foy, où son souvenir est toujours vivant et d'où son activité rayonnait sur les églises de la vallée. Il n'y resta pas longtemps.

Dès 1879 il était attaché à l'église de Bordeaux. Nous y arrivions ensemble. Il y a exercé avec zèle et distinction un ministère de trente-sept ans. Il était entré par le mariage dans une famille connue et aimée, celle de M. Jules Garric. Son champ de travail était vaste : le quartier de Bacalan, le Médoc, les disséminés, et il n'en négligeait rien. Il aimait le mouvement, la marche; il aimait les âmes; il était partout. Doué d'une très belle voix qu'il a toujours cultivée, il en tirait merveilleusement parti dans les assemblées de culte, petites ou grandes, et dans les écoles, pour diriger le chant ou pour entraîner; dans ses visites même, quand il fallait, pour édifier des vieillards, des malades, des isolés; et tous s'attachaient à lui, car dans cette voix ils avaient senti battre un cœur.

Bien qu'il fût moins un homme d'étude qu'un homme d'action, il avait l'esprit vif, ouvert; très averti et au courant des événements et des livres, il en parlait avec beaucoup d'à-propos et de verve. Quand il recevait, on était touché et charmé de l'accueil. Il était du Midi par le tempérament et le caractère comme par la naissance. Il en avait l'expansion communicative; avec lui la glace était vite rompue. Il aimait du Midi la lumière, les grands horizons, le franc-parler, le verbe sonore. Il n'en avait pas oublié le savoureux patois ; à l'occasion il le parlait. Admirateur de Mistral, il faisait à peu près tous les ans le pèlerinage de Maillane — il l'avait fait encore en 1913 — et il correspondait avec ce patriarche de la poésie provençale ; il lui avait suggéré de traduire la Genèse dans sa belle langue ; il avait eu avec lui les plus sérieux entretiens, des entretiens même sur la vie future.

Quand la guerre s'est déclarée, il est parti, bien qu'il eût alors soixante-trois ans, et il s'est montré devant les officiers et les soldats plus entraîné, plus alerte, plus jeune que beaucoup de jeunes ; hospitalier sur le front comme il l'avait été dans sa maison ; large, bon, se faisant respecter, se faisant aimer, et faisant aimer avec lui la cause, le culte, le Sauveur qu'il représentait.

Dans l'église de Bordeaux, où nous l'avons vu à l'œuvre tant d'années, il portait un particulier et très actif intérêt aux Missions, à nos écoles protestantes, à la jeunesse. Les Missions, leurs besoins, leurs ouvriers lui étaient connus ; il excellait à provoquer en leur faveur les sympathies et les dons ; dans les réunions d'adieux missionnaires, il excellait à adresser de ces paroles vives, précises, émues, saisissantes et qu'on n'oublie pas, où se révèle l'éloquence du cœur chrétien. Il aimait nos écoles ; il les visitait souvent ; élèves et maîtres le voyaient arriver avec le même plaisir. Il aimait nos Unions chrétiennes et il y était aimé ; il avait ce qui attire et charme les jeunes : le sourire, l'ouverture de cœur et d'esprit, la bonté, un remarquable don d'entraînement. Il lui arrivait, dans les belles saisons, de prendre des jeunes et de les emmener avec lui vers la campagne, vers la colonie de Sainte-Foy, vers les Asiles John Bost à Laforce, pour leur faire admirer ces créations magnifiques de la foi.

Avec sa belle santé, sa riche expérience et les sympathies dont il était de plus en plus entouré dans l'église, il semblait, malgré ses soixante-cinq ans, être appelé à rendre encore bien des services quand la guerre serait finie. Dieu en a décidé autrement dans son impénétrable sagesse : il l'emploie sans doute à des tâches nouvelles là-haut, dans le pays rêvé, promis, de la justice et de la paix, à l'abri maintenant de tous les dangers.

Que la veuve, notre chère Mme Momméja, et tous les siens, en particulier ses enfants, le lieutenant et ses deux sœurs, si dignes, si aimés, si entourés dans leur grande épreuve, poursuivent leur chemin avec foi et courage en attendant le revoir céleste. Le souvenir d'une telle vie plane sur eux comme une bénédiction et parle comme un exemple.

J. Cadène.

Vauvert, le 16 juin 1917.

Alexandre MOMMÉJA

PENDANT LA GUERRE 1870-1871

M. le pasteur Momméja était tout jeune encore quand je l'ai connu. Il venait de terminer ses humanités et de commencer ses études médicales. Il habitait avec sa mère, directrice de la Maison de Santé protestante de la rue Cassignol, femme admirable dont le souvenir est toujours vivace dans le cœur de ceux qui l'ont connue. C'est auprès d'elle qu'il avait pris le goût de la chirurgie et l'amour des malades. Quand éclata la guerre de 1870, il chercha une situation qui lui permît de se dévouer utilement pour les victimes des batailles. Il demanda à être attaché à l'Ambulance girondine que venait de créer, avec des ressources fournies uniquement par les dons patriotiques de la population bordelaise, M. Francis de Luze, qui devait, un peu plus tard, succomber à sa tâche.

Et il partit plein d'ardeur et d'entrain.

Le travail de l'ambulance fut rude. Ni les privations de toutes sortes, ni le contact permanent avec les varioleux, ni le froid intense d'un hiver très rigoureux n'enlevèrent au jeune étudiant son ardeur et son zèle.

Cependant, le chirurgien s'aperçut que Momméja, chargé d'un pansement particulièrement pénible, paraissait reculer un peu devant son blessé. Il s'agissait d'un pauvre tirailleur algérien qui avait reçu une balle dans le dos et dont la plaie était envahie par la gangrène. Du pansement s'exhalait une odeur horrible. Le chirurgien fit une amicale réprimande à l'étudiant et lui ordonna de renouveler tous les jours le pansement, sans avoir recours à une autre main, afin de s'habituer à la vue et à l'odeur de toutes les plaies. Momméja obéit. Mais à chaque pansement il était pris de vomissements abondants, et ne se plaignait pas.

Plus tard, après la campagne, Momméja abandonnait les études médicales pour étudier la théologie. Un ami commun dit au chirurgien que la cause de ce changement de direction était l'insistance qu'il avait mise à obliger Momméja à faire, malgré tout, le répugnant pansement si pénible à affronter. Désolé d'avoir ainsi « forcé la note », le chirurgien fit des excuses à Momméja, qui lui dit avec un doux sourire : « Quittez vos scrupules, mon cher maître, le fameux pansement n'est pour rien dans la détermination que j'ai prise. J'ai voulu devenir pasteur, parce que, pendant la guerre, j'ai vu les aumôniers se pencher au chevet des blessés et des malades, leur parler du Ciel et de Dieu.

Et j'ai cru que s'il était beau d'être médecin du corps, il était encore plus beau d'être médecin de l'âme. »

Il reste encore quelques survivants de notre Ambulance girondine. Nous avons pleuré tous ceux qui sont partis l'un après l'autre. Momméja était l'un des meilleurs.

Professeur DEMONS.

La Cérémonie du Val-de-Grâce

Lorsque j'appris, le dimanche 18 mars, que notre cher collègue et ami Alexandre Momméja avait été la veille au soir renversé par une automobile et qu'il était mort pendant qu'on le transportait au Val-de-Grâce, je fus presque en même temps informé — l'aumônier du Val-de-Grâce, le pasteur Arboux, étant retenu par la maladie — que j'aurais le mercredi suivant, 21 mars, à présider à l'hôpital un service funèbre en souvenir d'A. Momméja, et avant que son corps fût transporté à Bordeaux pour les obsèques proprement dites.

Ce service, très simple, fut émouvant dans sa simplicité même et réunit une assez nombreuse assistance, qu'étreignait l'émotion commune.

Il m'était facile de parler de Momméja avec ma mémoire et avec mon cœur. Ne l'avais-je pas connu tout jeune, quand son admirable mère était venue se fixer à Bordeaux pour y faire son œuvre de dévouement? Ne l'avais-je pas vu grandir en intelligence et en piété, et n'avais-je pas senti la chaleur bienfaisante de son âme généreuse et rencontré, avec beaucoup d'autres, cette affection à laquelle répondait si aisément l'affection des petits et des grands?

Après que j'eus dit quelques mots dont je ne saurais fixer le souvenir exact, je cédai la parole à d'autres, en particulier à l'ami intime de Momméja, Jean Bianquis. Mais ce qui fut le trait caractéristique de notre émouvante rencontre autour du cercueil, ce fut la présence des aumôniers catholique et israélite, collègues, à l'armée, de celui qu'ils avaient appris à connaître, c'est-à-dire à aimer. L'un et l'autre, venus tout exprès de loin, prirent la parole pour affirmer leur attachement à leur collègue, plus âgé qu'eux. L'abbé Nicolas sut dire, en quelques mots qui témoignaient de sa foi chrétienne, le bien qu'avait fait Momméja dans sa carrière d'aumônier, et aussi le bien que le prêtre catholique avait reçu du pasteur protestant; le jour même de sa mort, Momméja, qui avait rencontré à Paris l'abbé, avait passé avec lui quelques heures qui furent presque les dernières pour notre ami.

Ces témoignages des deux aumôniers, catholique et israélite, qui venaient s'associer à notre douleur et à nos espérances, qui prenaient leur part de nos prières et de nos cantiques, n'était-ce pas le plus touchant hommage qui pût être rendu à l'ami que nous pleurions alors et dont nous nous souviendrons toujours?

Benjamin COUVE.

Les Obsèques à Bordeaux

Ces obsèques ont eu lieu à Bordeaux, le 24 mars 1917, dans le Temple des Chartrons, en présence d'une foule nombreuse et recueillie; elles ont revêtu un caractère d'imposante simplicité.

Après l'invocation et la lecture de quelques passages choisis de l'Écriture sainte, faites par M. le pasteur Vièles, M. le pasteur Mathieu, au nom de ses collègues et de l'Église, puis M. le pasteur Jean Bianquis, directeur de la Société des Missions évangéliques, à titre d'ami personnel, ont pris successivement la parole. M. le pasteur Arnaud a terminé cette cérémonie si émouvante par la prière.

Après quoi le cortège funèbre s'est organisé et dirigé vers le cimetière protestant de la ville, où M. le pasteur Poulain, ancien condisciple de M. Momméja à la Faculté de Montauban, a terminé le service religieux en disant avec émotion les prières liturgiques, et en prononçant avec tout son cœur la prière finale.

Nous donnons ci-après le texte des allocutions et de la prière qui ont été dites au Temple des Chartrons.

DISCOURS DE M. LE PASTEUR MATHIEU

Un accident tragique et bien imprévu vient de plonger dans le deuil une des familles de notre Église les plus connues, les plus aimées, et l'Église tout entière.

Nous voici réunis autour du cercueil de notre bien-aimé collègue le pasteur Momméja, rappelé à Dieu brusquement, à l'âge de soixante-six ans, alors qu'en pleine force et en pleine santé il paraissait avoir encore devant lui toute une période d'activité bénie.

Cela est-il bien possible? Est-ce bien LUI, naguère si vivant, si ardent, — lui qui était si attaché à sa mission sainte et qui la remplissait si courageusement, — lui que nous avions pu voir et entendre encore tout récemment, avec sa voix chaude et vibrante, avec ses accents persuasifs, avec son amour des âmes, avec son patriotisme émouvant et sa foi communicative, — est-ce bien lui que nous allons maintenant déposer dans la tombe? — Est-ce *à lui* que nous allons dire ici-bas un suprême adieu?

Hélas! oui, mes frères. Il faut se rendre à l'évidence; il faut accepter l'inévitable, se courber devant le mystère, se soumettre aujourd'hui sans comprendre, tout en étant certain de connaître plus tard le « pourquoi », — ce qui est le propre de la foi.

Et avec notre profonde douleur, — qui s'associe à celle des siens, — avec nos cœurs serrés et nos yeux voilés de larmes, mais aussi avec toutes nos certitudes chrétiennes, nous voulons dire à Dieu : « Seigneur, nous nous taisons; nous souffrons en silence; mais nous croyons à ton amour; nous nous confions en ta miséricorde. Même quand l'épreuve la plus dure nous atteint, nous ne cessons pas d'espérer en Toi!

Notre si regretté collègue avait exprimé naguère, dans un document qui date de mars 1914, le désir formel qu'on ne parlât pas de lui, ou le moins possible, le jour de ses obsèques, et qu'il n'y eût aucun discours prononcé sur sa tombe.

C'est pour cela que les représentants d'œuvres très connues et très aimées parmi nous, telles que les Asiles John Bost, l'Œuvre du Prêt gratuit, dont il était vice-président, et quelques autres, ne pourront, à leur très grand regret, parler de lui et rappeler le bien qu'il a fait.

Seul, son cher condisciple et ami M le pasteur Jean Bianquis, de Paris, qui a accompagné jusqu'ici sa dépouille mortelle, prononcera quelques paroles au nom d'une vieille affection.

Quant à nous, en cet instant solennel, en face de l'Église ici réunie, comment pourrions-nous faire pour ne rien dire de lui en un tel moment?

Cependant nous nous efforcerons de nous conformer le plus possible à ce vœu si respectable, fruit de son humilité chrétienne; mais il nous sera permis de rappeler en peu de mots sa carrière pastorale et d'exprimer la reconnaissance de toute l'Église envers son cher pasteur.

Nous le ferons avec toute la discrétion nécessaire, non pour louer l'homme, mais pour glorifier Dieu, et pour travailler, comme l'eût souhaité notre cher disparu lui-même, à notre commune édification.

La perte que nous faisons aujourd'hui, nous le savons tous, est *immense*.

Elle est irréparable, ici-bas, pour la famille affligée. Celui que nous pleurons avait une telle richesse de cœur, si naturelle et si débordante!

La perte est grande aussi, bien grande, pour cette Église de Bordeaux, qu'il a si longtemps servie avec amour. Sa carrière pastorale s'est poursuivie tout entière dans Bordeaux et dans la région; et nous en avons tous été les témoins.

Fils d'un pieux pasteur du Gard, qu'il avait eu la douleur de perdre prématurément, Alexandre Momméja avait fait d'abord des études médicales, puis d'excellentes études en théologie à Montauban, suivies d'un séjour en Angleterre; après un court ministère pastoral au Port-Sainte-Foy, il entra au service de la Société centrale (section de Bordeaux); et, en même temps, le Consistoire lui confiait, avec le titre de pasteur auxiliaire, la desserte d'un quartier de la ville, celui de Bacalan. C'est là que, depuis trente-cinq ans environ, admirablement secondé par sa compagne dévouée, il a exercé ses fonctions avec une ardeur infatigable.

Au moment de la séparation des Églises et de l'État, lors de la reconstitution de notre Église, un lien plus étroit le rattacha désormais au Conseil presbytéral et à l'Association cultuelle de Bordeaux, dont il devint l'un des pasteurs.

Il se donna de plus en plus à sa grande tâche, sans rien négliger des multiples aspects de sa charge pastorale. Seule la robuste santé dont il jouissait, mise au service d'une piété profonde et active, pouvait lui permettre de suffire à un pareil labeur.

Il aimait tant le règne de Dieu et tout ce qui peut le répandre et l'accroître !

Il aimait d'abord l'Église d'un ardent amour; il la souhaitait à la fois fidèle, large et forte.

Il aimait l'évangélisation; et son bonheur était de parcourir les communes suburbaines, — son cher Médoc en particulier, — d'y visiter les protestants isolés ou disséminés, et de chercher à ranimer leurs sentiments religieux et chrétiens.

Il aimait aussi, et profondément, l'œuvre des Missions évangéliques; et il regrettait parfois de n'avoir pas été lui-même un de ses ouvriers. Il s'intéressait passionnément à tout ce qui concerne cette grande œuvre et il accueillait toujours avec empressement les missionnaires qui traversaient notre ville. Aussi, lors du départ du vénéré pasteur Cadène, fut-il acclamé comme le président tout désigné du Comité des Missions de Bordeaux; et il ne cessa, depuis ce temps, de donner tout son dévouement à cette sainte cause.

Il y a quelques semaines encore, il prenait part, avec son

entrain habituel, à notre fête annuelle, aux côtés du directeur de la Société des Missions, son ami Jean Bianquis.

Il aimait nos écoles protestantes, qu'il visitait fréquemment avec un intérêt passionné. Membre et secrétaire de la Commission pédagogique, il s'en occupait sans relâche.

Il aimait la jeunesse de nos Unions chrétiennes; et c'était toujours pour elles une fête de le voir et de l'entendre.

Il aimait *tous les jeunes* et avait pour eux une tendresse, un élan de cœur particulier; ceux-ci le savaient, le comprenaient, et l'accueillaient avec enthousiasme.

Mais il aimait aussi les vieillards; et notre Asile de la rue Sainte-Élisabeth était l'objet de ses fréquentes visites et de sa sollicitude constante.

Il aimait les pauvres, les connaissait par leur nom et s'intéressait à tous leurs besoins matériels et moraux. Que de détresses profondes ont été secourues par lui !

Il aimait encore les malades. La Maison de Santé, où son admirable mère avait si longtemps exercé un ministère de consolation dont Dieu seul sait tous les effets bienfaisants, était pour lui un sanctuaire d'amour chrétien, le lieu de sa dilection.

Il aimait le chant, et surtout le chant sacré. Doué d'une voix chaude et superbe, qui lui eût valu de grands succès dans le monde, il ne s'en servait que dans l'intimité et pour la gloire de Dieu. Que de beaux cantiques, que d'harmonies divines de lumière, de force, de sainte espérance, il a fait entendre auprès des affligés ou au chevet des malades et même des mourants !

L'écho s'en est atténué peu à peu sur la terre; mais il s'est répercuté et conservé dans le ciel. Et le *souvenir béni* est resté au fond des cœurs reconnaissants.

Et tout cela était le fruit de sa foi, vivante et ferme comme le roc; de cette foi évangélique qui est la seule source et la seule garantie de la véritable vie chrétienne. Il souhaitait vivement, et avec raison, l'affermissement de cette foi au sein de notre Église, de toutes nos Églises.

C'est dans cette atmosphère paisible d'activité chrétienne,

de travail pastoral et d'espérance divine que la Guerre des Nations a tout à coup éclaté comme un coup de tonnerre.

Et ce fut bien le coup de foudre pour lui. Toutes les énergies et toutes les vaillances de sa foi patriotique s'exaltèrent à cette heure solennelle. Les souvenirs brûlants de sa jeunesse se ranimèrent; le jeune aide-major de 1870, l'ancien prisonnier de guerre des Allemands, resté dans l'âme un bon soldat de la France, n'hésita pas. Désigné depuis longtemps comme aumônier militaire du 18e corps d'armée en temps de guerre, malgré ses soixante-trois ans il partit sans regarder en arrière. Avec un courage intrépide, il a suivi nos troupes et fait tout son devoir.

Ce qu'il a été depuis, nul ne l'ignore ici. Il a exercé là un *ministère supérieur*, qui a été le prolongement et le couronnement de l'autre.

Dans les heures tristes de l'invasion et de la retraite, dans les heures sublimes de la victoire et de la marche en avant, — tantôt au fond des tranchées, tantôt sous les pluies de balles ou d'obus, — il a été le pasteur intrépide et vaillant de tous ces chers soldats de France, — nos époux, nos fils, nos frères, — auxquels il a prodigué sans compter les trésors de son âme et de sa foi, — qu'il a raffermis, consolés, préparés pour le Ciel, eux qu'il appelait d'un seul mot bien significatif : « Mes enfants ! »

Il fut bien pour eux, toujours, un père, le représentant de toutes nos familles, le messager fidèle, tendre et invariablement dévoué du Père céleste.

Que n'a-t-il pu achever ce sacerdoce sublime et nous revenir ensuite avec le rayonnement joyeux de la victoire dans son regard !

Nous lui devions personnellement, et au nom de toute l'Église, cet hommage d'inaltérable gratitude.

Ce n'est pas seulement le nôtre, c'est celui de toutes nos Églises de France, c'est celui de notre chère cité et de notre glorieuse armée.

Le gouvernement l'avait compris; il avait accordé au vaillant aumônier de Bordeaux les récompenses les plus belles, les plus enviables pour un patriote : la médaille commémorative de 1870, la croix de guerre, la croix de chevalier de la Légion d'honneur.

Sur cette noble poitrine, nous avons vu avec joie briller les insignes par excellence du courage et de l'honneur. Nous en avons ressenti nous-mêmes, pour notre chère Église et pour tous nos coreligionnaires, comme une fierté collective.

Disons-nous bien, cependant, que ces distinctions, si légitimes et si glorieuses qu'elles soient, ne sont qu'une bien pâle image de la récompense éternelle réservée aux fidèles serviteurs de Dieu : la *Couronne de Vie.*

Après ce rapide coup d'œil jeté sur une carrière si bien remplie, une *grande mélancolie* nous étreint. Nous songeons avec une ardente sympathie à la famille en deuil, à ceux que notre bien-aimé collègue laisse ici-bas, affligés et consternés par ce terrible événement.

Quel vide douloureux s'est fait soudain dans leur cœur, à leur foyer ! Plus la parure de cette vie lumineuse était riche et variée, plus le dépouillement total est cruel à subir.

Mais voici : du sein de la nuit qui vous enveloppe, chers affligés, la lumière divine peut surgir et vous réchauffer de ses rayons bienfaisants. Dieu est et reste avec vous !

Il sera sans cesse près de la chère compagne de notre ami, pour la soutenir et la réconforter par ses divines promesses; il bénira ses enfants à travers la vie, ces filles si tendrement aimées, ce fils objet d'une si parfaite sollicitude, bien méritée par son cœur comme par sa vaillance ! — Que Dieu préserve notre cher André jusqu'au bout contre les périls de l'heure présente. Il a été la joie suprême de son père aux dernières heures; le souvenir de ce père bien-aimé sera pour lui, quoi qu'il arrive, et en tout temps, un bouclier protecteur.

Nous enveloppons ici dans une commune sympathie chrétienne toute la famille atteinte par cette dure épreuve, et nous supplions le Seigneur de soutenir tous ses membres, de les vivifier par son amour éternel.

Nous pensons aussi à notre chère Église. Comment oublier

en ce jour son corps pastoral, déjà si éprouvé par d'autres vides, soit définitifs, soit temporaires? Ceux qui restent à l'œuvre ont tant besoin du secours d'En-Haut pour remplir toute leur tâche et pour ne pas lui être inférieurs ! Vos pasteurs se recommandent aux prières des fidèles; ils supplient le Souverain pasteur des âmes de les assister en ces temps tragiques, par sa grâce.

Puissent-ils redoubler de ferveur, d'amour chrétien, de consécration entière au service de Dieu, dans la communion avec les plus pieux et les meilleurs de leurs devanciers.

Et vous tous, mes frères, ne voudrez-vous pas *mettre à profit* l'appel si saisissant que Dieu vous fait entendre à cette heure, et celui qui jaillit avec une force toute particulière de la vue même de ce cercueil?

Tout vous dit que « le temps est court désormais », que la vie est incertaine, que Dieu vous attend, et qu'il faut *vous préparer* à sa rencontre !

Tout vous exhorte à vous tourner vers Lui, à le suivre et à le servir; à redoubler de foi, de vigilance et de prière. Tout vous prêche le détachement des choses d'ici-bas, la conversion véritable et le progrès spirituel.

Tout vous rend attentifs aux devoirs pressants de la foi, de la charité, de l'union en Christ, d'une sainte émulation pour les progrès du règne de Dieu.

Église de Bordeaux, entends toutes ces voix divines; prête à leurs enseignements une oreille attentive; reçois-les dans des cœurs bien disposés; et réponds-y par des résolutions énergiques, par l'élan impétueux des âmes saintement conquises vers les devoirs austères de la vraie piété, vers les cimes les plus hautes du sacrifice pour Dieu et pour la Patrie, vers les splendeurs éternelles de la Croix. Amen.

S. Mathieu.

Bordeaux, 24 mars 1917.

ALLOCUTION DE M. LE PASTEUR BIANQUIS

Il ne doit pas y avoir ici d'oraison funèbre : Alexandre Momméja l'avait interdit.

Je puis cependant, à défaut du collègue et de l'ami qu'il avait désigné pour parler plus intimement à ses obsèques, et qui se trouve retenu à l'étranger, déposer sur son cercueil une double palme : en mon nom personnel, la palme d'une très vieille amitié, et au nom de la Société des Missions évangéliques, que je dirige, la palme d'une affectueuse reconnaissance.

I

Mes relations avec lui remontent à plus d'un demi-siècle, à ce mois d'octobre 1865 où nous entrâmes ensemble à l'école Paul Rabaut pour suivre ensemble la classe de quatrième, au Lycée de Montpellier. J'étais un jeune garçon de douze ans ; lui, un orphelin de quatorze ans. Pendant trois ans, dans la période de l'adolescence, nous avons été condisciples, et très fraternellement liés.

Puis la vie nous sépara. Nous devions nous retrouver, au lendemain de l'autre guerre, en novembre 1872, à la Faculté de théologie de Montauban, et y passer encore trois autres années dans l'intimité la plus étroite, faisant partie d'une petite société d'étudiants dont la plupart aujourd'hui ont disparu.

Momméja était un ami incomparable. Nul cœur n'était plus chaud, nulle âme plus naturellement enthousiaste. Vous avez tous connu ici sa mère, cette chrétienne si extraordinaire par la vivacité de son esprit et l'ardeur de ses sentiments.

Il était le vrai fils de cette mère.

Il tenait d'elle une merveilleuse facilité pour exprimer à

chacun une sympathie communicative. Et non seulement pour l'exprimer, mais pour la ressentir. Incalculable est le nombre de ceux qu'il tutoyait familièrement et qu'à chaque rencontre il embrassait avec une cordialité fraternelle. Lui qui n'était pas un homme d'étude, de cabinet, d'écriture, mais un homme d'action, il écrivait beaucoup de lettres, généralement brèves, mais si affectueuses, allant droit au but, je veux dire droit au cœur.

Une de ses joies était d'exercer l'hospitalité, une vertu apostolique trop négligée depuis qu'il y a tant d'hôtels, et il le faisait avec quelle largeur, quelle bonne grâce, quel souci de deviner et de satisfaire les besoins de ses hôtes !

Avec cela, dans ce Méridional si joyeux, il y avait une force très rare de volonté. Sa maîtrise sur lui-même était digne de toute admiration. La vie de ce grand indépendant ne flottait pas au hasard de la fantaisie, elle était soigneusement réglée, et toujours avec la préoccupation de faire plaisir aux autres, de servir.

Par la grâce de Dieu, mais aussi par une lutte incessante, il avait mâté en lui « le vieil homme ». De très bonne heure il avait réagi contre son tempérament naturel et s'était imposé toute une discipline physique et morale. Il pouvait dire avec saint Paul : « Je traite durement mon corps et je le tiens assujetti. » A ce régime, auquel il a été fidèle jusqu'à la fin, même aux armées, il a dû de rester, dans sa soixante-sixième année, très alerte, très vigoureux, suivant ses soldats dans de longues marches, les entraînant aux jours d'épreuves, la poitrine large, le regard clair, le jarret infatigable, l'esprit toujours libre, le cœur vibrant à tous les souffles sains et généreux.

Aussi, comme il était aimé des hommes et des officiers ! Nous en avons eu la preuve mercredi matin, au Val-de-Grâce, où nous étions réunis, quelques amis, pour recueillir les leçons de cette noble vie et implorer les consolations divines, auprès de son cercueil, avant qu'il quittât Paris. Au milieu de nous se trouvaient deux de ses collègues, l'aumônier israélite et un aumônier catholique. Après le pasteur qui présidait la cérémonie, — notre vénéré collègue Benjamin Couve, un vieux Bordelais, — les deux aumôniers successivement ont pris la parole. Et quel témoignage ils ont rendu à celui que le rabbin appelait avec une familiarité touchante « Papa Momméja » et que le jeune prêtre, avec une émotion profonde, a salué comme un vrai chrétien et un vrai disciple de Jésus-Christ ! C'était là une de ces manifestations d'union sacrée comme Momméja les aimait, comme on en voit rarement, même au temps exceptionnel où nous sommes : autour de sa mémoire ces âmes si diverses, sentant la présence de Dieu, communiaient.

C'est avec son collègue catholique qu'il avait passé sa dernière soirée, il y a juste huit jours. Il venait de se séparer de lui sur le trottoir, lui donnant rendez-vous pour le lendemain matin à la gare, lorsque l'horrible catastrophe s'est produite.

Il était bien préparé à comparaître devant Dieu, certes, car il avait soin tous les jours d'entretenir son âme, comme son corps, en état de parfaite santé. De très grand matin, après cet « exercice corporel » qui, d'après l'apôtre, « est utile à peu de chose » puisqu'il n'empêche pas de mourir un jour, il « s'exerçait à la piété ». Il n'entrait dans son activité quotidienne qu'après avoir ainsi renouvelé sa provision de forces spirituelles. Je le vois, à l'appel soudain du Chef suprême, répondant comme « un bon soldat de Jésus-Christ » : *Présent!* Et il a certainement reçu la parole de la suprême approbation : « Cela va bien, bon et fidèle serviteur... » *Bon et fidèle*, c'était tout Momméja. — « ... Entre dans la joie de ton Maître. » La *joie*, c'était son apanage.

II

Parmi les causes nombreuses pour lesquelles ce serviteur de Jésus-Christ a brûlé d'un ardent amour, celle des Missions était au premier rang. Non seulement il était resté l'ami de ses deux anciens condisciples qui se sont succédé, depuis trente-huit ans, à la direction de notre Société; mais l'œuvre elle-même faisait vibrer les cordes les plus profondes de sa foi.

Il avait saisi l'Évangile comme une loi d'amour et d'espérance, comme une grande puissance de rapprochement entre les hommes. Le Christ était à ses yeux celui en qui tous les murs de séparation ont été virtuellement abattus et qui doit réunir autour du Père céleste tous ses enfants rachetés et réconciliés. Il a été longtemps le vice-président de notre Comité auxiliaire de Bordeaux; il en est devenu le président en 1913; mais, en réalité, c'était lui qui, depuis des années, était l'âme de tout ce qui se faisait ici pour les Missions. Si sa maison était accueillante à tous, elle était particulièrement hospitalière aux directeurs de l'œuvre et à ses ouvriers.

Combien je vous remercie, ma chère sœur, ma chère amie, de m'avoir assuré qu'à cet égard rien ne serait changé par son absence !

Il aimait à nous réunir autour de sa table avec tous ses collègues de la ville. Il présidait les réunions d'adieux; il assistait autant que possible aux embarquements et aux arrivées. Que de missionnaires il a étreint sur son cœur !

Comment pourrais-je oublier qu'il n'y a pas deux mois il avait réussi à faire coïncider sa dernière permission avec ce premier dimanche de février, consacré chaque année dans cette Église à la cause des Missions? Nous nous étions retrouvés au départ du train, à la gare d'Orsay. Nous fîmes ensemble le voyage, rafraîchissant nos vieux souvenirs de collégiens, d'étudiants et de pasteurs. Vous le revoyez comme moi dans ce temple, écoutant le matin la prédication, présidant l'après-midi notre réunion. Avec quelle flamme il exprima encore ses sentiments ! Les horreurs de la guerre lui rendaient plus chères et plus précieuses, par contraste, les conquêtes de l'apostolat. Il parla de ces indigènes chrétiens venus en France pour nous aider à défendre notre patrie. Plus récemment, il y a trois semaines, il rencontrait sur le front des Malgaches protestants. Il chantait avec eux, lui qui aimait tant le chant et qui chantait si bien ! Interprété par un collègue aumônier, il leur adressait la parole, il priait avec eux. Jeudi de la semaine dernière, à peine arrivé à Paris et ayant rejoint son fils, il prenait une voiture et c'est pour la Maison des Missions qu'était sa première visite. Il entra dans mon cabinet, les bras ouverts, toujours souriant et optimiste... Qui m'aurait dit que, quatre jours après, je reverrais une dernière fois son visage, conservant encore, malgré la blessure fatale, son expression de sérénité et son aimable sourire, mais désormais immobile et ayant reçu la solennelle consécration de la mort !

Frères et sœurs membres de cette Église, votre pasteur vous lègue l'œuvre qui lui tenait tant au cœur. Demain, dans le monde renouvelé et pacifié, il s'agira d'aller remercier tous ceux dont les fils, les frères, les époux seront morts pour nous. Alors Bordeaux deviendra le premier port européen de l'Atlantique, en relations plus suivies que jamais avec l'Afrique de l'Orient et de l'Équateur. Et je rêve pour votre Église, dans le domaine apostolique, un rôle analogue à celui que remplirent, dans les premiers siècles, au temps de la paix romaine, ces métropoles maritimes de la Méditerranée orientale qui s'appelaient Antioche, Salonique, Athènes, Corinthe, Alexandrie. Alexandre Momméja ne sera plus là pour plaider parmi vous la cause des Missions; mais son souvenir vous inspirera : « Quoique mort, » il faut qu'il « parle encore ».

. . . .

Vous en particulier, chers enfants des écoles protestantes de Bordeaux, que je vois assis aux premiers rangs, conservez sa mémoire et qu'elle vous soit en bénédiction. Il vous aimait ardemment et vous le lui rendiez, je pense, car l'amour appelle l'amour et la joie attire la jeunesse.

Soyez, comme lui, pleins de vaillance, avides de perfection, et quand vous aurez, dans peu d'années, à remplacer la génération qui vous précède, et qui sortira de la guerre si diminuée, puissiez-vous apporter à toutes les conquêtes de Dieu le même héroïsme que la jeunesse d'aujourd'hui apporte si magnifiquement à la défense de la patrie.

Et vous, soldats de France, officiers de notre armée, vous dans les rangs desquels servait ce doyen des aumôniers militaires, sa simple vareuse noire toute constellée de décorations, vous aussi, vous garderez son souvenir. Que son intrépidité joyeuse, son optimisme tenace et sa générosité d'âme restent le partage de tous nos combattants. A cette condition, le drapeau tricolore, aujourd'hui voilé de crêpe, flottera demain victorieusement sur nos provinces reconquises.

Un jour, le tir de barrage s'acharnait sur le terrain où l'aumônier Momméja se trouvait en première ligne, mêlé à ses « poilus ». Rester debout, c'eût été braver inutilement la mort; les hommes se couchèrent; mais lui, on le vit s'agenouiller. Oh! la belle attitude! Oh! la leçon qu'il nous donne à tous, et à vous en particulier, chers affligés que nous entourons de notre tendre sympathie et qui voulez, je le sais, rester fidèles à son exemple!

Dans les rudes batailles de la vie, quand la rafale des doutes, des tentations ou du deuil fait rage sur notre âme, ne pas se dresser orgueilleusement, au risque d'être foudroyé ; ne pas s'avouer vaincu en s'abattant sur le sol, mais se mettre à genoux, le regard fixé vers le ciel; attendant de là le secours, en faisant d'ailleurs virtuellement tout ce qu'on peut faire, c'est le secret du triomphe final : de celui qui, sur la terre, couronnera toujours les causes justes servies par des volontés fermes, et, en tout cas, de celui qui est réservé là-haut aux serviteurs de la justice, de la vérité et de la charité, lorsque Dieu lui-même les réunira dans l'éternelle joie au sein de l'éternelle paix.

Jean Bianquis.

PRIÈRE DE M. LE PASTEUR ARNAUD

Et maintenant, Seigneur, que tu viens de nous parler, — s'il est vrai que la vie des hommes de Dieu soit aussi une parole de Dieu, — nous voulons à notre tour te parler, te confier notre douleur et te demander ta consolation.

Comme les sœurs de Lazare te disant : « Seigneur, si tu eusses été ici, notre frère ne serait pas mort, » beaucoup ont répété : « Dieu n'était donc pas là, avec son serviteur, qu'il ait été ainsi frappé?» Et que de fois, depuis huit jours, ce mot a retenti : « Pourquoi cette mort incompréhensible, absurde, pour lui qui pouvait en attendre une si belle et si glorieuse?... »

Seigneur, nous voulons, avant tout, nous humilier pour ces murmures, pour ce langage de l'incrédulité qui s'ignore, pour cet inconscient blasphème. Oui, tu étais avec lui, comme « tu es toujours avec nous jusqu'à la fin du monde ». Si nous ne pouvons pas comprendre, donne-nous de pouvoir accepter ce que tu n'as pas voulu, sans doute, mais ce que tu as permis. Si tu es « le Dieu qui te caches » souvent à notre raison orgueilleuse, courbe encore notre superbe : elle a tant besoin de l'être ! Que nous sachions nous taire devant toi et, seulement, t'adorer, prier, croire et espérer.

N'est-ce pas qu'il nous dirait, notre frère si cher, si sa voix pouvait parvenir à nous, — cette voix que tu lui avais donnée si belle pour chanter mieux tes louanges et qui ne s'est tue ici-bas que pour retentir dans les concerts des anges; — il nous dirait : taisons-nous et adorons.

O Dieu, tu es le Tout-Puissant : qu'il en soit comme tu l'as voulu. O Dieu, tu es l'Amour, tu guéris et tu consoles : ta grâce nous suffit ! Qu'elle suffise à nos chers affligés, à cette famille si tendrement groupée autour de son chef et qu'il avait si bien pénétrée de son esprit qui, autant qu'il le pouvait, était ton esprit à Toi.

Que ta grâce suffise à notre Église, sa plus grande famille, où il s'était fait sa place si modestement, mais si pleinement par son activité infatigable, par son zèle toujours plus juvénile, semble-t-il, malgré les années, par son aménité, son abnégation et sa charité fraternelle. Bénis-la, cette Église si éprouvée; elle a tant besoin de Toi !

O Dieu, que ta grâce suffise à toutes les tâches que tu avais confiées à notre frère; qu'elle suffise, en particulier, à ses « enfants du front », comme il aimait à les appeler et qu'il se disposait à rejoindre, après les avoir quittés deux jours pour les consacrer à l'enfant chéri de sa chair et de son âme, quand tu l'as subitement rappelé à toi. Seigneur, toi qui es riche en moyens, qu'ils continuent à recevoir ton message, nos fils qui meurent tous les jours pour la grande cause qui doit, plus que jamais, rester *ta* cause.

Seigneur, nous t'apportons notre deuil : console-nous et nous rends forts. Nous croyons, nous t'aimons, tu le sais; nous voulons te servir dans notre épreuve et par notre épreuve elle-même. Si possible, aide-nous à ne penser pas trop à nous, mais à penser à toi. S'il y en a au dehors que cette mort fait douter ou blasphémer, qu'elle nous mette debout, nous, du moins, pour serrer nos rangs comme de bons soldats après qu'un de leurs compagnons est tombé. Relève nos cœurs vers toi et rappelle-nous que ce qui importe, c'est l'honneur de ton nom. Oui, tout pour toi et pour ton Royaume, même et surtout, peut-être, nos larmes, puisque, nous le savons par le Christ, c'est par la Croix qu'il faut marcher à la gloire. Amen.

Quelques Lettres

LETTRE DE M. L'ABBÉ D.-M. BERGEY

AUMONIER DIVISIONNAIRE

Aux armées, le 21-3-17.

MADAME,

Je n'ai pas l'honneur d'être connu de vous. Cependant, permettez-moi de vous venir dire la grande part que je prends au deuil cruel et si inattendu qui vous frappe.

Je connaissais M. Momméja depuis le début de la campagne. Je m'étais profondément attaché à lui, car il fut toujours pour moi un collègue délicat et dévoué. Bien des choses devaient nous séparer. Grâce à son tact, à sa bonté, je ne m'en suis jamais aperçu. Aucune ombre, même légère, n'atténue le souvenir que me laisse sa loyale et fidèle amitié.

Je devais à sa mémoire, et aussi à sa famille, qu'il aimait tant, ce juste témoignage.

Puisse le bon Dieu vous accorder en cette dure épreuve tout le courage dont vous avez besoin.

Daignez, Madame, agréer l'expression de mes vives condoléances et de mon profond respect.

D.-M. BERGEY,

Aumônier divisionnaire
de la 36e division, 18e *C. A.*

LETTRE DE M. LE GÉNÉRAL HIRSCHAUER

COMMANDANT LE 18e CORPS D'ARMÉE

S. P. 152. 22 mars 1917.

MADAME,

C'est avec une grande douleur que j'ai su le malheur qui vient de vous frapper. M. Momméja était pour nous tous un exemple vivant de courage et de dévouement.

J'avais dans mon corps d'armée trois anciens combattants de 1870; M. le pasteur Momméja était l'un des trois.

Mon devoir m'a retenu auprès de mes troupes; j'aurais désiré pouvoir saluer une dernière fois l'homme de bien, le soldat, le conducteur d'âmes qu'était notre aumônier; je sais quelles ont été ses obsèques à Paris et de quelle douloureuse émotion elles ont été entourées. Le soldat, le pasteur ont été glorifiés ainsi qu'il convient.

Daignez agréer, Madame, avec l'expression de mes condoléances, l'assurance de mon profond respect.

HIRSCHAUER.

TABLE

BORDEAUX. — IMPRIMERIES GOUNOUILHOU

Daniel GOUNOUILHOU

Directeur

www.ingramcontent.com/pod-product-compliance
Ingram Content Group UK Ltd.
Pitfield, Milton Keynes, MK11 3LW, UK
UKHW020950220726
13924UKWH00002B/606

9 782019 966362